L. DE LYVRON

HAÏCKS

ET

BURNOUS

CHANTS ARABES

PARIS

E. DENTU, ÉDITEUR,

LIBRAIRE DE LA SOCIÉTÉ DES GENS DE LETTRES

Palais-Royal, 17-19, galerie d'Orléans

1865

Ye   6071

HAICKS

ET

BURNOUS

VERSAILLES. — IMPRIMERIE CERF, 59, RUE DU PLESSIS

C.

L. DE LYVRON

HAÏCKS

ET

BURNOUS

CHANTS ARABES

PARIS

E. DENTU, ÉDITEUR,

LIBRAIRE DE LA SOCIÉTÉ DES GENS DE LETTRES

Palais-Royal, 17-19, galerie d'Orléans

—

1865

« Où vas-tu, cavalier ? »

» — Au désert ; mon cœur est vide, je veux le remplir. »

Il fait sonner ses éperons !

HAÏCKS ET BURNOUS

LES FORÊTS DU SAHEL

.

Louange au Dieu unique !

Ce que je vais dire est vrai ; répétez-le, et vos paroles ne seront amoindries par personne.

* * *

Les forêts du Sahel sont belles et tristes.

Elles ressemblent à la jeune veuve qui pense encore au mort, en peignant ses cheveux et qui pleure, une natte tressée, l'autre éparse.

1

Elles se parent pour le Soleil, les forêts de la Mitidja, elles pleurent en pensant aux Hadjoutes, morts sous la balle des Chrétiens.

« Ne pleurez plus, forêts de chênes, aujour-d'hui est aux hommes, mais demain est à Dieu, ne pleurez plus; vous êtes belles et les Hadjoutes avaient des fils. »

« O vous tous qui portez des éperons; ô vous pour qui la beauté est douce aux yeux, comme le lait est doux aux lèvres, venez visiter les forêts du Sahel. »

Dans la plaine, tout autour, les rameaux ont des dards, les fleurs ont des épines. Mais sous les arbres, des liserons courent dans l'herbe; des clématites pendent des branches, et des papillons aux ailes d'or voltigent sur les lauriers-roses, dans les forêts du Sahel.

Le cœur des forêts palpite, comme le cœur de la vierge au premier rendez-vous.

Au fond des ravins, les grenadiers effeuillent, sur la source qui dort, leurs fleurs de corail; les tamarins y trempent leurs têtes soyeuses; les figuiers y plongent leurs racines brillantes entre les roches comme des serpents endormis; les roseaux balancent leurs aigrettes, les fougères mouchetées s'inclinent mollement, et les acanthes appuient aux troncs des frênes, leurs feuilles de satin, dans les forêts du Sahel.

L'œil des forêts est comme celui des femmes; il a la profondeur de la mer et le calme du ciel.

* * *

Mais le vent du Nord a dispersé les Hadjoutes et l'œil des forêts du Sahel est rempli de tristesse et d'ennui.

«O vous tous qui portez des éperons; ô vous dont la main sait tenir une bride, venez dire aux forêts du Sahel que les fils des Hadjoutes ont grandi, et que les chrétiens vont mourir. »

———

FATMA

—

Dans Alger, la victorieuse, au fond d'une maison à la porte cintrée, dans une chambre bleue lambrissée de faïence, sur des coussins de soie rayée, Fatma la vierge, tresse avec du corail ses cheveux dorés.

Puis, elle croise son haïck sur sa veste de brocard, elle cache dans des babouches de cuir jaune ses pieds rougis par le henné et elle dit devant son père, à Zora la négresse : « Mène-moi au bain, avant qu'il soit midi. »

*
* *

Lorsque Fatma la vierge, et Zora la négresse passent dans les rues d'Alger, les Mores aux joues couleur de pêche, retirent de leurs lèvres, la boule d'ambre des chibouques et soupirent tout bas : Heureux celui qui verra sans voile, cette taille plus souple que le palmier de Bab-Azoun.

Mais Fatma ne retourne pas la tête en passant devant les Mores qui fument sous les arcades fraîches des cafés où l'on chante ; elle ne retourne pas la tête lorsque les janissaires enlèvent devant elle leurs étalons lustrés ; elle ne retourne même pas la tête lorsque le pacha lui sourit.

⁕ ⁕⁕

Fatma, l'hirondelle d'Alger, aime Ismaël, le faucon de la plaine, dont le cheval est maigre, dont le fusil est rouillé. Elle aime Ismaël au front brûlé par le soleil, qu'elle a vu pour la première fois à la fête des fèves, sur la plage de sable, près de Mustapha.

* *

Les murs arrêtent les voleurs, les voiles désespèrent les débauchés, les négresses écartent les galants, mais l'amour franchit les murs, plonge sous les voiles et apprivoise les négresses.

A la fête des fèves, Ismaël a dit à Fatma : « Pour toi mon cœur brûle, comme une étoile dans le ciel bleu de l'amour, » et la vierge a répondu par un doux regard aux paroles du cavalier.

* *

Le jour où Fatma dit devant son père à Zora la négresse : « Mène-moi au bain avant qu'il soit midi, » elle sait qu'Ismaël l'attend, et au lieu d'aller au bain, elle va sous les lentisques d'Hussein-Dey.

Dès qu'Ismaël l'aperçoit, il la saisit dans ses bras, et sans lui dire un mot, sans lui donner un baiser, il la couche sur la crinière de son cheval et part au galop.

Zora la négresse, se frappe les joues, se roule sur l'herbe et crie : « Allah ! ! ! » Mais l'Arabe disparaît du côté de l'Arrach, dans un nuage de poussière. Son cheval vole comme un oiseau, et le haïck de Fatma reste accroché à une branche d'olivier.

***

L'enfant de la tente frissonne sous les éclairs qui jaillissent des yeux noirs, il boit le souffle de la poitrine sur laquelle les seins battent comme des ailes de colombe, il mord les tresses dorées qui se tordent sous ses lèvres comme des couleuvres, mais son cheval marche si vite qu'il ne dit rien.

***

Le chemin devient pierreux, le cheval ralentit sa course et le cavalier soupire à la vierge : « Fatma, la sultane est moins belle que toi ! Il faut que je te donne, un lit de noce plus beau que celui de la sultane, dans le harem de Stamboul. »

La vierge sourit : « J'aurai pour lit de noce, ta poitrine large ; elle est plus blanche que l'ivoire. J'aurai pour lit de noce ton cœur ; il est plus pur que l'or. Ismaël, la sultane envierait le lit de noce de Fatma. »

* * *

Le chemin devient pierreux, le cheval marche moins vite et on entend la mer : « Je veux, continue le cavalier, je veux te voir toujours aussi belle qu'aujourd'hui. Je ne veux pas que tes cheveux pâlissent, que tes yeux s'éteignent, que ta gorge se ride. Je voudrais te donner un lit de noce où tu serais toujours vierge et moi toujours fort. »

La vierge sourit et touche le flissas dont le manche de cuivre brille sous le burnous : « Il coupe, ton flissas, Ismaël, il est assez long pour aller au cœur ?... Tire ton flissas et donne moi tes lèvres, Ismaël, mon bien-aimé. »

Le cheval vole sur la crête de la falaise que la mer lèche de ses vagues bleues : « Si ton sang coulait, Fatma, la poussière le boirait et je serais jaloux ; je veux pour moi seul, ton corps et ton âme dans notre lit de noce. »

La vierge sourit et prend la bride du cheval obéissant... « Ismaël, voici notre lit de noce... Maître, serre bien ton esclave, et fais sonner tes éperons. »

Les éperons sonnent, le cheval bondit, les lèvres d'Ismaël se collent aux lèvres de Fatma, puis... un cercle s'élargit sur les vagues bleues.

LE SYLPHE ET LA ROSE

———

Les roses ont des âmes de femmes dans leurs calices veloutés.

* * *

Un matin, une rose s'épanouit près d'un fleuve.

Le sylphe, qui donne aux fleurs leur parfum, trouva la rose si belle qu'il en devint amoureux; et pour la caresser tout un jour, il se blottit dans une grappe de lilas blanc que le zéphir balançait près d'elle. Mais la rose coquette souriait aux papillons, et, en se laissant lutiner par eux, elle piqua jusqu'au cœur le sylphe amoureux.

***

Il s'envola, jurant de se venger.

Il dit au démon roux qui pousse les nuées d'orage : « Va dans le jardin, près du fleuve profond, tu y trouveras une rose rieuse; prends-la, je te la donne. »

Le démon arracha la rose de sa tige, et, après avoir respiré son parfum, il la jeta, pâlie, au milieu d'un marais.

La rose pleura son doux parfum, puis elle pleura les beaux papillons, mais elle ne pleura pas le sylphe amoureux.

Il s'envola, jurant de se venger.

***

Il ramassa, dans le jardin, les fleurs tombées de la grappe de lilas, et il les sema sur les branches noires d'un buisson épineux qui trempait dans le marais, sa tête sans feuilles.

La rose en voyant les fleurs sur les branches noires, se ressouvint de la grappe de lilas blanc, autour de laquelle les papillons voltigeaient dans le jardin, et elle aima le buisson, à cause des fleurs du souvenir.

Au premier baiser, les fleurs tombèrent, et les longues épines du buisson souillé s'enfoncèrent dans les pétales de la rose amoureuse. Elle vit que c'était le sylphe et non la grappe qui l'aimait la veille, et elle pleura le sylphe envolé.

* * *

Le sylphe oublia sa colère ; mais, malgré son amour, il ne pouvait rendre à la rose, ni son parfum perdu, ni son éclat pâli : aux sylphes appartient l'avenir, mais non le passé.

Il découpa de grandes feuilles dans son manteau d'émeraude, et il les étendit sur le marais comme un tapis de satin, puis il coucha sur la plus fraîche, sa bien-aimée mourante.

2

De la rose flétrie, il avait fait le nénuphar, la blanche rose des eaux.

* *
*

Les roses ont des âmes de femmes dans leurs calices veloutés.

*
* *
*

Celle que j'aime est pâle, les papillons ont bourdonné à son oreille, les épines l'ont déchirée, le destin l'a jetée sur un marais à l'eau terne ; mais dans mon cœur, elle trouvera de quoi se tailler une robe sans tache, de quoi se tresser une couronne immortelle de jeunesse et de beauté.

L'amour efface les rides que le plaisir a creusées.

LA SOIF

—

La fauvette chantait, les grenades s'empourpraient au soleil, une coupe de corail brillait sous le voile de la jeune fille.

J'ai soif, dit l'enfant.

Les abeilles bourdonnèrent, la pervenche effleura le ruisseau, une douce liqueur frémit dans la coupe.

J'ai soif, dit l'adolescent.

L'ombre des orangers grandissait du côté de l'orient et la coupe s'emplit.

J'ai soif, dit le cavalier.

La coupe se brisa, la jeune fille pâlit, et l'on vit son cœur au fond d'une blessure.

L'enfant devint un homme.

*
**

La ville étincelait de fleurs et d'armes, la foule se pressait autour du vainqueur. Une aigrette blonde tremblait sur son turban, un burnous rouge flottait sur son épaule.

J'ai soif, dit le guerrier.

La ville lui présenta une coupe pleine d'un breuvage vermeil, et les paroles tombèrent, sonores comme les vagues, des lèvres du guerrier.

J'ai soif, dit l'inspiré.

Les hommes qui lisent lui donnèrent à boire dans une rose. Ses lèvres n'y trouvèrent que de la cendre et la foule se mit à rire.

L'homme devint un vieillard.

*
**

Le soleil se couchait, la tente était déserte et une vierge soutenait la tête de l'ancêtre.

J'ai soif, dit le vieillard.

La vierge lui tendit une coupe d'ivoire, il la vida et ses yeux se fermèrent.

J'ai soif, soupira le cadavre.

La vierge emporta l'âme.

VOLUPTÉ

—

Mes babouches pèsent comme un canon de bronze, mon burnous est plus lourd que la pierre du tombeau, mes tempes battent, mes yeux se troublent.

**

Agitez l'éventail aux plumes soyeuses, faites jaillir du bassin de nacre des gerbes d'eau glacée.

Apportez-moi des fleurs; du jasmin et des roses. Le parfum du jasmin est doux comme un sourire de femme, et le parfum des roses enivre comme le baiser des houris.

Enlacez vos bras nus, ployez vos flancs d'ivoire ;
tournez, tournez plus vite, filles des Beni-Mzab.

Ma tente est large comme la plaine, plus haute
que les palmiers. Laissez tomber vos voiles ; je
suis la voix qui commande, je suis la main qui
donne.

***

Mes chevaux sont plus forts que le vent du
désert, mes spahis plus rapides que la balle qui
vole. Courbez la tête, esclaves ! Je suis l'Émir.

Les étriers sonnent, les têtes roulent, les vierges
crient. Frappez, frappez... je suis le bras d'Allah,
le sabre qui touche et qui tue.

***

Le sable fume où j'ai passé. Je suis la flamme
dévorante, la vapeur embrasée qui glisse à l'oc-
cident.

La course de la terre est moins rapide que la mienne; les nuages de pourpre me bercent et me soulèvent.

La lune ouvre pour m'embrasser son croissant de neige. . . . .

LA FEMME ET LE POÈTE

Il y avait, dans un jardin, un sylphe et une rose ; un sylphe aux ailes sombres, une rose au cœur d'or.

Lorsque les étoiles s'allumèrent, le sylphe s'approcha de la fleur : « J'aime, disait-il, j'aime à en mourir... » et la fleur sourit.

— « Moi, j'aime aussi, répondit-elle, j'aime un beau papillon, brillant comme une flamme. »

— « J'aime, disait le sylphe, j'aime à en mourir... » et la fleur sourit encore, et le sylphe s'envola.

Le lendemain, il revint, mais il ne parlait plus,

et la rose lui dit : « Quelle fleur aimes-tu, une belle de nuit sans doute? »

— « J'aime une rose au cœur d'or. »

— « Les roses sont amoureuses du soleil et tes ailes sont noires, pauvre fou. »

— « Mes ailes sont de ténèbres, mais mon âme est de flamme. Je devine ce que le papillon ne voit pas, je rêve ce qu'il ne connaît pas, et dans mes rêves, tu me dis ce que tu ne lui dis pas. Il ouvre tes lèvres, moi seul j'ai tes baisers. »

« Ton dédain m'a tué, demain je serai mort; mais demain, tu ne l'aimeras plus, parce que je t'ai parlé. »

Le sylphe secoua sur la rose, ses ailes sombres, il en tomba comme des étincelles, puis il mourut.

Le lendemain, la rose se penchait sur sa tige : « Hier, je croyais pourtant aimer, soupirait-elle. »

Le papillon n'était qu'un homme, le sylphe était un poète.

LE PALMIER DU DÉSERT

———

Dans le désert, où le sable roule, le grand palmier se dresse seul.

Son tronc crépite au soleil et des plaintes tombent de ses palmes calcinées.

De ses palmes, près desquelles ne s'sont jamais balancés les régimes couleur d'ambre.

Mais le vent souffla de la mer, où les perles se cachent sous le corail, gouttes de rosée dans des moissons de pourpre.

Sous la tiède caresse le palmier frissonna.

Semblable à l'étalon lorsque l'âcre odeur des cavales dilate ses naseaux soyeux.

« Ton baiser m'enivre, disait le palmier à la brise, qui donc es-tu ? »

— « Je suis, répondit la brise, la langue que partout on parle, que partout on comprend, la langue qui chante à la terre l'hymne ardente des cieux. »

« Écoute, palmier solitaire. »

Puis la brise parla....

* * *

Les strophes amoureuses ruisselaient sur les palmes, et des mots inconnus, comme de l'huile blonde, glissaient jusqu'aux racines du grand arbre altéré.

* * *

Un soir, l'ange qui porte aux dattiers les baisers de leurs sœurs, vola jusqu'au palmier solitaire.

Il partit en pleurant.

Il n'avait pas trouvé de poussière dorée dans les fleurs pâlies du grand palmier.

AICHOUNA

Lorsque l'Arabe n'attendait pas pour abattre sa tente que les piquets pourrissent, lorsqu'il avait la plaine, comme l'aigle a le Djurjura, Dellys aux maisons blanches, était la ville aimée des savants et des fleurs.

***

« La main d'Allah s'est ouverte, elle a laissé tomber sur les croyants la servitude et la mort; vous avez pris Dellys, la ville deux fois sainte. »

« Ceux que le plomb touche, ne viennent plus demander des talismans à ses thalebs; ceux qui

ont partagé leur cœur, ne viennent plus cueillir
des géraniums sur le tombeau d'Aïchouna. »

« Il ne reste plus aux enfants du prophète que
l'espérance et le souvenir : l'espérance est à nos
fils, les souvenirs seuls, habitent nos fronts
chauves. — C'était écrit. »

⁎

« Tu n'es pas comme tes frères, incrédule et
impie, écoute l'histoire d'Aïchouna. Elle est vraie,
parce que le premier qui la répéta, l'avait apprise
de ceux qui connurent la vierge des Beni-Ammal ;
elle est douce à mes lèvres, car ma mère m'a
nourri sous les oliviers de Benchoud. . . . . . .

. . . .

« Ecoute :

Lorsque Hassan-Barberousse commandait à
Alger, les Turcs bâtirent Bordj-Sebaou, et firent
payer l'impôt aux Beni-Ammal ; mais Achemed,
dont le cœur seul ouvrait la main, se retira dans

les forêts du col des Beni-Aïcha, avec ceux qui savaient allumer la poudre.

Chaque jour, l'œil rencontrait l'œil, au bout du canon des fusils.

Après trois ans de luttes, les janissaires se disposaient à abandonner le Bordj, lorsqu'un jeune homme, nommé Kaddour, vint trouver leur bey, et lui dit :

« J'aime Aïchouna, la fiancée d'Achemed ; si tu me la promets, je te livrerai le rebelle. » Le bey promit, et le soir même, Kaddour cacha des janissaires dans le bois de Benchoud.

Dès que les étoiles blanchirent, une ombre passa sous les arbres, non loin de l'embuscade ; c'était Aïchouna. Chaque nuit, elle venait au bois d'oliviers, chaque nuit Achemed descendait de la montagne et ne repartait qu'à l'aube.

Pour pouvoir se rejoindre au milieu des ténèbres, Aïchouna imitait le chant de la fauvette, et Achemed poussait trois fois le cri du héron blanc.

3.

Aïchouna chanta, mais elle s'arrêta tremblante; elle avait entendu un pas inconnu. . . . . .

« Ne parle pas, dit Kaddour. Je pourrais t'emporter, mais mon amour est moins fort que ma haine : je veux qu'il meure. »

Le héron cria trois fois dans la montagne : « Grâce, grâce pour lui, je t'aimerai peut-être. Partons, Kaddour, partons... »

— « Il faut que ma fiancée entre parée sous ma tente. Le sang d'Achemed sera plus brillant que le henné; tu auras des ongles roses et un haïck de pourpre; tu seras belle, Aïchouna. »

Le héron cria trois fois sous les premiers oliviers. « Pars, mon bien-aimé, dit Aïchouna... »

Le poignard de Kaddour fuma jusqu'au manche.

Une flamme brilla dans l'ombre, et Kaddour se tordit sur l'herbe. Les Turcs s'élancèrent, mais le flissas d'Achemed traçait un cercle que la mort ne put rompre. Ils tombèrent jusqu'au dernier.

Achemed prit le voile ensanglanté de la vierge aux cheveux d'or et partit au galop.

.*.

Plus rapide que l'aigle qui retourne à son nid, son cheval franchit les rochers et fend les broussailles du col des Beni-Aïcha.

« Debout compagnons, debout! La sœur de mon cœur est morte; les Turcs ne verront pas le soleil de demain. »

Les hardis cavaliers sautent en selle et traversent, comme l'ouragan, la plaine des Issers. Bien loin, bien loin devant eux, court Achemed, droit sur ses étriers, et tenant à la main l'écharpe sanglante.

« C'est aujourd'hui qu'on reconnaît les hommes, crie-t-il d'une voix terrible! A cheval, compagnons, à cheval! la poudre va parler. »

A chaque village, à chaque tente, sa troupe grossit.

Avant que les Turcs n'aient fait sortir des créneaux leurs longs canons de bronze, le fossé est

comblé, la porte brisée, et l'écharpe sanglante
prend la place de l'étendard d'Alger.

**

Achemed revint au bois d'oliviers, et il vit des
fleurs rouges sortir du sol aride partout où était
tombée une goutte du sang d'Aïchouna.

Il fit construire pour la fille des Beni-Ammal
un tombeau de granit, et il planta sur la terre
amoncelée, les fleurs couleur de sang. Les fleurs
étaient rouges comme les lèvres d'Aïchouna et les
feuilles avaient l'odeur de son haleine.

Un soir, le sépulcre s'entrouvrit et enferma
Achemed avec sa bien-aimée.

**

« En traversant le bois d'oliviers, prends des
feuilles de géranium sur le tombeau d'Aïchouna,
et porte-les à ta maîtresse; si tu es trahi, elles
perdront leur parfum dès qu'elle les touchera. »

LA PRINCESSE MITIDJA

—

« Ne bois jamais à la fontaine des ruines. Ton corps tremblerait comme une tige de maïs quand souffle le vent du sud ; tes joues deviendraient jaunes comme une orange mûre. »

. . . .

. . . .

Meyrin était la plus belle des vierges du Sahara, mais son cœur était muet.

Meyrin n'aimait que son lévrier noir et, lorsque les étoiles regardaient le sable, elle allait loin du douar écouter dans l'alfa, chanter le vent du sud.

Un jour, elle ne revint qu'à l'aube ; elle avait trouvé sur son chemin, le roi des génies et elle l'avait écouté.

***

Le lendemain, elle l'attendait, mais il ne revint pas.

***

A leur retour du Tell, ses frères pâlirent en la voyant : « Tu mourras, lui dirent-ils ! »

Le lendemain, la tribu s'enfonça dans le sud et la perle du Sahara resta seule sous une tente déchirée.

***

Le soir, elle était morte près d'un enfant qui pleurait.

***

Le trompeur entendit ses cris et il eut pitié. Il creusa, pour la rose effeuillée, une tombe profonde et prit sa fille dans ses bras.

**

Ses serviteurs bâtirent pour elle, un immense palais et se changèrent pour la servir en esclaves et en cavaliers.

Pendant quinze ans, de sombres vapeurs cachèrent les dômes du palais et des flammes bleues veillèrent devant ses portes de bronze.

Le palais était au milieu d'une plaine sans herbe.

**

Le matin de la seizième année, le nuage se déchira, les flammes s'éteignirent et un jardin ombreux couvrit la plaine aride.

Les esclaves versèrent l'orge dorée dans les mangeoires d'ébène, les spahis appuyés sur leurs lances flexibles, secouèrent leurs chabirs rouillés par le brouillard et les deux grands lions, accroupis sous le porche, passèrent leurs pattes fauves sur leur mufle plissé.

Les jalousies se levèrent et une jeune fille, rousse comme un matin d'automne, s'accouda sur le balcon.

..*

Elle était belle, la sultane ; ses cheveux étaient roux comme un matin d'automne. . . . .

..*

Chaque jour la sultane partait pour la chasse avec une suite brillante d'almées et de musiciens, et pendant que ses compagnes suivaient les slou-guis, elle guettait les cavaliers.

Son sourire les arrêtait.

..*

Elle était belle, la sultane ; ses cheveux étaient roux comme un matin d'automne. . . . .

***

Le lendemain, le cavalier trouvait auprès de son cheval, deux chameaux chargés de fleurs.

Le soir il était mort.

***

Chaque nuit, un cavalier s'endormait sur le lit de pourpre. . . . .

***

Un jour, Mitidja rencontra près de la fontaine, un beau voyageur : « Viens, lui dit elle, toi que mon cœur attendait. »

Le voyageur ne répondit pas.

La sultane se pencha sur la source, et elle vit dans son miroir limpide une tête de vieille femme

4

près de celle du jeune homme. Elle poussa un cri et se précipita dans l'eau profonde.

***

Le palais s'écroula, les arbres disparurent, les bassins se comblèrent, seule la fontaine resta transparente et fraîche.

Mais malheur à celui qui veut y boire; la sultane est cachée sous la mousse et ses lèvres tuent comme sur le lit de pourpre.

***

« Ne bois jamais à la fontaine des ruines ; ton corps tremblerait comme une feuille de maïs quand souffle le vent du sud. »

SIDI MOHAMED-BEN-ABD-EL-RHAMAN

Sidi Mohamed-ben-Abd-el-Rhaman sentant son heure approcher, voulut finir ses jours dans la solitude, et partit d'Alger avec un serviteur.

La solitude rend sage. Le cœur de l'homme est semblable à la source qui reste transparente et fraîche dans le creux d'un rocher, mais qui se corrompt et s'évapore dès qu'elle se partage en mille filets.

Il se retira dans une gorge du Djurjura et six mois après, il y mourut.

Les kabyles couchèrent le corps de sidi Mohamed dans un tombeau dallé d'ardoises, et bâtirent auprès, un marabout pour son serviteur.

Chaque grain de la poussière qui recouvre un juste est entouré de bénédictions, et les Algériens voulurent que le saint dormît chez eux.

Comme les kabyles étaient braves, les Turcs employèrent la ruse; et quelques hommes habiles gravirent le Djurjura sous prétexte d'aller prier sur la tombe de leur ami.

Les kabyles reçurent comme des envoyés de Dieu les fils d'Alger, mais le lendemain, le tombeau de sidi Mohamed était violé.

Les coupables seuls, s'enfuient après le crime, et deux vieillards furent envoyés à Alger pour réclamer le cadavre.

Le Dey voulant gagner du temps leur dit :

« Les pèlerins sont partis avant l'aurore pour ne pas gêner leurs hôtes, mais leurs mains sont pures. Retournez dans le Djurjura et creusez la tombe; vous y trouverez celui que nous avons aimé. Les chacals seuls en ont remué les dalles. Qu'Allah vous accompagne. »

Les vieillards partirent sans avoir dessellé leurs chevaux.

Ils firent ouvrir le sépulcre et virent le saint couché dans son burnous blanc.

Le Puissant n'avait pas voulu que la guerre éclatât entre les amis et les hôtes de son serviteur, et il avait permis que le corps vénéré reposât à la fois dans Alger et sur le Djurjura.

Les kabyles et les arabes se réconcilièrent et on n'appela plus sidi Mohamed ben Abd-el-Rhaman que Bou-Koubarrin, le père des deux tombeaux.

SIDI EMBARECK

Dieu soutient toujours les mains que l'on tend vers lui.

Écoutez l'histoire du serviteur de Dieu, et que ses prières écartent de vous la peste et la soif. .

. . . .

Un jour, sidi Embareck de la tribu des Hachems, fut forcé de s'enfuir du douar où la calomnie l'avait noirci dans le cœur du Scheick. Il avait à Milianah de nombreux amis ; il alla leur demander l'hospitalité.

« Il faut craindre la colère de Dieu et le bras des puissants, lui dirent-ils, mets de la terre entre ton ennemi et toi. »

Sidi Embareck remonta à cheval et partit pour Cherchell : « Je trouverai là, pensait-il, des gens pour lesquels ma main a toujours été ouverte. » Quand il frappa à leur porte, son burnous était déchiré et son cheval maigre ; ils ne voulurent plus le reconnaître. Le riche n'a point d'amis ; ceux qui l'entourent sont comme les sauterelles, ils s'envolent dès qu'il n'y a plus rien à manger.

Sidi Embareck donna son cheval et se loua comme laboureur chez le kadi de Koléah.

Au lieu de blasphémer, il priait en labourant.

Un jour que, fatigué, il s'était endormi, il vit à son réveil le champ ensemencé tout entier. Les bœufs avaient d'eux-mêmes tracé les sillons. Le lendemain, il s'endormit encore et sa tâche se fit comme la veille. Pendant qu'il traversait en songe des palais lumineux, pleins d'amour et de parfums, les anges guidaient ses bœufs, les hirondelles semaient son blé, et les perdrix chassaient les mouches qui se posaient sur son visage.

Le kadi, prévenu que sidi Embareck dormait

au lieu de travailler, partit pour le surprendre en faute. Il le trouva couché, les yeux fixés sur le soleil, mais la charrue traçait sans conducteur, des sillons réguliers.

Il tomba aux genoux de son serviteur, et lui donna tous ses biens.

Sidi Embareck distribua aux pauvres les richesses du kadi, et il se retira avec lui dans les ravins d'Ank-Djemmel où les oiseaux du ciel les nourrirent tous les deux, pendant un demi-siècle.

Le saint et son compagnon moururent le même jour, et on éleva sur leur tombe, une mosquée de marbre. La foudre ne la touche jamais et lorsque la terre tremble, elle reste seule immobile au milieu des maisons qui s'écroulent.

Heureux ceux qui visitent la Kouba de sidi Embareck !

Heureux ceux qui prient sur la tombe d'un juste ! ils emportent dans leurs cœurs, de l'ombre pour tous leurs midis.

LA LÉGENDE D'ADAM

———

Au nom du Clément et du Fort, salut à ceux qui croient. . . . .

. . . .

Lorsque la terre encore tiède fumait sur son essieu, les génies, fils des flammes, blasphémèrent le nom d'Allah.

Et le Puissant dit :

« Hareth, enchaîne-les. »

Hareth, qui veillait à la droite du trône, prit son bouclier d'or et sa lance pesante, il entrouvrit ses ailes, et les étoiles crurent voir flamboyer dans les cieux, une étoile de pourpre.

La foudre jaillissait du cimier de son casque, et les mondes broyés par son talon d'airain, voltigeaient derrière lui, comme des grains de sable.

Son ombre couvrait la terre.

Les génies se cachèrent au fond des cavernes, et l'archange, écrasant les montagnes, enferma pour toujours les rebelles sous leurs pics déracinés.

***

Ces paroles tombèrent alors dans le silence d'en haut :

— « Hareth, ton nom voudra dire Souverain, et la terre sera ton domaine. »

***

— « Dans les cieux je suis le second, mais sur terre je suis le premier ; pourquoi ne serais-je pas l'égal du Maître ? » dit Hareth.

Le plus Grand élève qui s'abaisse, abaisse qui

s'élève ; il fit signe à Gabriel, celui dont les pieds ont la couleur de l'aurore, et lui dit :

« Va chercher, à chacun des sept étages de la terre, une poignée de poussière ; je veux créer l'homme, qui prendra le sceptre d'Hareth, l'orgueilleux.. »

***

Il partit.

Mais la terre ne voulut pas laisser tirer un maître de son sein, et Gabriel remonta les mains vides.

« Seigneur, dit-il, la terre a peur. »

***

Le plus Grand sait ce que les autres ne savent pas ; il fit signe à Azraël, celui qui porte la balance et l'épée, et lui dit :

« Prends à la terre ce qu'elle a refusé. »

5

* *
*

Azraël coupa la terre avec l'épée et pesa dans la balance, les sept poignées de poussière.

* *
*

La pluie changea cette poussière en limon que les anges pétrirent, et le grand Architecte en fit une statue, à laquelle il donna d'un souffle la respiration et la vie.

Adam était créé.

Le Sage le fit asseoir à sa droite, et dit aux anges :

« Ployez le genou devant l'homme, mon lieutenant et mon bien-aimé. »

Hareth murmura :

« Pourquoi le fils du feu s'inclinerait-il devant le fils de la boue ? »

« Orgueilleux, répondit Allah, tu veux lutter avec moi, va-t-en. »

* * *

La foudre écrivit sur le front du maudit la sentence d'exil, et Hareth, le souverain, devint Éblis le désespéré.

* * *

Allah conduisit Adam, dans le jardin d'Eden où coule un fleuve de lait et un fleuve de miel.

« Ce jardin est à toi, dit-il, mais je te défends de toucher à l'arbre de la science et à celui de la vie. »

* * *

« Tu es le plus grand, répondit l'homme; mais pourquoi suis-je seul? les animaux ont tous un compagnon qui leur ressemble. »

Le Sage endormit l'homme, et d'une de ses côtes il fit Ève.

Lorsque Adam s'éveilla, il la vit souriante; les

hirondelles effleuraient ses lèvres et les tigres léchaient ses mains.

« Voilà ma compagne, dit le fils du souffle. »

***

Éblis songeait ; et un jour, à l'heure où le rossignol se glisse dans son nid, il leur parla :

« Si vous goûtiez à ces fruits qu'Allah vous défend de cueillir, vous seriez immortels comme lui. »

Ils le crurent.

Alors le Seigneur leur dit : « Vous avez désobéi, et à cause de vous la terre ne sera plus qu'un sépulcre où, pour vivre, il faudra tuer. »

Puis les anges tirèrent leurs épées flamboyantes et chassèrent de l'Eden, le couple condamné.

Adam, courut jusqu'à Ceylan, Ève, jusqu'à Giddah.

***

Adam errait seul depuis cent vingt ans, lorsque, un matin, il s'éveilla sur un pic escarpé. Pas un nuage ne tachait la pourpre de l'Orient.

Il leva les mains vers le ciel et s'écria : « Allah, tu es le plus grand! »

Le bras qui brise l'orgueilleux, soutient celui qui se repent; le sage envoya Gabriel porter à l'homme son pardon.

Gabriel transporta le réconcilié près de la Mecque, où Ève l'attendait sous une tente bâtie par les anges.

***

Adam emmena Ève à Ceylan.

Un soir, après une tiède journée, la mère de la vie s'appuya sur Adam : « Il me semble que je porte un lourd fardeau, dit-elle, soutiens-moi comme l'olivier vigoureux soutient la vigne. »

***

Eblis demanda à Ève ce qu'elle portait dans son sein? »

« Je ne sais, répondit-elle ; Adam ne le sait pas non plus. »

— « Ce pourrait être, continua le trompeur, un monstre qui te dévorerait »

Ève se mit à pleurer.

— « Ne pleure pas ; si je le veux, tu enfanteras un fils qui ressemblera à Adam, mais il faut me jurer de l'appeler le serviteur d'Hareth. »

Elle le jura, ne sachant pas que le lapidé s'appelait Hareth avant sa chute.

***

Ève mit au monde, en même temps, un fils et une fille. Elle nomma le fils Ab·el–Hareth comme elle l'avait promis et la fille Acclimia.

***

Mais le Seigneur leur dit :

« Vous avez appelé votre fils serviteur d'Hareth et non serviteur de Dieu, je détournerai de lui ma face. »

Alors Ève, serrant sur son cœur le petit enfant, soupira le mot « kabil », qui veut dire : il est à moi, et Kabil devint le nom du premier des fils de l'homme.

*_**

Abel et sa jumelle Lebuda naquirent le printemps suivant.

*_**

Seize ans après, Adam dit à ses fils :

« Kabil, toi qui sais lier les gerbes, tu prendras pour femme Lebuda; ses cheveux sont dorés comme les moissons mûres; Abel, toi qui gardes les troupeaux, tu prendras Acclimia; ses yeux sont doux comme ceux d'une cavale noire. »

Kabil répliqua :

« Pourquoi me séparer d'Acclimia? Les ramiers qui s'aiment toujours, naissent dans le même nid; Abel est votre préféré, vous lui donnez la plus belle. »

« Enfants, répondit Adam, le Seigneur a commandé, mais consultez-le vous-même. Celui dont le sacrifice sera le mieux reçu, choisira. »

***

Abel offrit à l'Éternel le plus gras de ses agneaux, Kabil la plus légère de ses gerbes.

Le feu du ciel consuma l'agneau d'Abel et le vent dispersa les épis de son frère.

***

Kabil épousa Lebuda, mais la haine grandit dans son cœur, et un jour il s'écria : « Si je pouvais tuer Abel! »

Éblis l'entendit.

« Regarde, dit-il, en écrasant entre deux pierres la tête d'un oiseau. »

* * *

Kabil chercha son frère et le tua comme Éblis avait tué l'oiseau.

Lorsque la première goutte de sang toucha la terre, la terre cria :

« Kabil, Kabil, qu'as-tu fait de ton frère? »

Kabil enveloppa son frère dans une peau de bélier, et l'ayant mis sur ses épaules, il s'enfuit vers les bois.

Mais pour cacher le cadavre, aucun fourré ne lui semblait assez épais, aucun torrent assez profond, aucun précipice assez sombre.

Il cherchait jour et nuit; et dès que ruisselant de sueur, il s'arrêtait, les vautours et les loups venaient flairer le cadavre.

Le quarantième jour, il mit Abel dans une fosse profonde, puis il revint près d'Adam.

***

« Kabil, lui dit Adam, qu'as-tu fait de ton frère? »

Au lieu de répondre, il prit la fuite, et Lebuda le suivit.

Pendant huit siècles, il marcha; dès qu'il s'arrêtait, la terre devenait rouge.

Les fruits se changeaient, sous ses dents, en cendres. Il était obligé de se nourrir de chair.

Il devint semblable à une bête fauve; et un jour son petit-fils, le prenant pour un ours, le perça d'une flèche.

***

Pareils aux palmiers qui se redressent après l'orage, Adam et Ève résistèrent au souffle de la douleur.

***

Un soir, au coucher du soleil, ils s'inclinèrent l'un vers l'autre comme deux tiges de maïs dont les épis sont mûrs, et Azraël emporta leurs âmes dans l'Éden où l'on ne pleure plus.

***

Adam et Ève sont ensevelis sur le pic de Ceylan, et, lorsque la trompette de la résurrection fera trembler le monde, ils se lèveront les premiers.

Pour empêcher les démons de troubler le repos de leur tombe, des anges veillent sur elle et, chaque nuit, pendant que les anges guident les étoiles, de grands lions les remplacent près du Père de la vie.

GRAND EST CELUI QUI SE RAPETISSE

Grand est celui qui se rapetisse; l'Infini se penche vers lui, et l'on ne voit plus jusqu'où monte sa tête, jusqu'où descend la main d'Allah.

Fort est celui qui ne connaît pas sa force: l'Invincible lutte pour lui. Le souffle d'Allah brise le palmier et relève le roseau qui ploie.

Sage est celui qui dort; le clairvoyant veille pour lui, et il n'y a pas autant de volupté sur toute la terre que dans un rêve d'Allah.

Heureux est celui dont l'esprit n'a point d'ailes...

*_**

Le poète est semblable à l'aigle; il ne plane que dans la région des tempêtes; et le jour où il la dépasse, il se brise le front sur le niveau d'Allah.

L'ANGE DE LA DOULEUR

———

Lorsque Allah punit l'homme, il ne voulut pas le laisser seul entre le souvenir et la douleur.

Seul, il aurait succombé.

Il dit aux anges : « Descendez sur la terre et soyez les compagnons de l'homme. Aimez-le comme un frère malheureux, soutenez-le comme un frère affaibli, et au jour de la justice, vous me l'amènerez repentant et consolé. »

Les anges partirent.

***

La terre tressaillit en revoyant les hôtes qu'elle croyait perdus pour jamais.

Elle revit l'ange de l'espérance qui porte au front une étoile, l'ange de l'amitié, à la bouche rêveuse, aux doigts entrelacés, l'ange des adieux qui grave les serments, l'ange du retour qui cache les rides, l'ange des amours qui bleuit les paupières, l'ange du sommeil qui berce le cœur, et l'ange de la mort qui paie toutes les dettes.

**

Les séraphins chantaient encore autour du trône ; le sage enveloppa le plus brillant d'un rayon d'amour et lui dit :

« Pars aussi, mon fils aimé, tu seras l'ange de ma clémence. »

Le séraphin partit.

**

La terre ne tressaillit pas en le voyant.

« Tes cheveux sont dénoués, tes ailes ont des plumes noires ; tu n'es pas un ange, lui dit-elle. »

— « Je suis, répondit le séraphin, l'ange de la douleur, celui qui vient lorsque les autres s'en vont. »

La terre frissonna et dit à l'homme : « Tremble ; Dieu nous a envoyé l'ange de sa colère. »

***

L'homme prit la fuite, mais le séraphin le suivit de loin.

Il le rejoint quand son cœur saigne, quand la fièvre court dans ses veines gonflées.

Alors l'homme prend patience et courage, et la douleur s'en va pour un jour, s'il doit vivre encore, pour toujours s'il meurt.

6.

LA PESTE JAUNE

———

« Où vas-tu, peste jaune, où vas-tu si vite? »

— « Au Kaire, Azraël, au Kaire où les hommes bourdonnent comme les mouches avides sur les plaies des chameaux. »

— « Arrête-toi, je ne peux plus te suivre. Les âmes sont forcées de m'attendre dans leurs corps déjà froids. Je suis las. »

— « Je vais au Kaire où les hommes se pressent comme les grains dans l'épi. »

— « Recule, recule, peste jaune. Retourne tremper dans le Gange ton manteau sanglant, et dors tout l'hiver sur les vagues qui fument. »

— « Je vais au Kaire, Azraël, au Kaire où rient les hommes dans leurs maisons de boue. »

— « Écoute les ordres d'Allah, celui dont la main est lourde : Ne frappe que mille têtes. Nous compterons ce soir ; malheur à toi si tu me trompes ; la mort est mon esclave. »

— « Tu compteras, Azraël, je vais donner mille baisers. »

*
* *

— « Malheur à toi, peste jaune, voilà deux mille cadavres. »

— « Regarde bien, Azraël, tous n'ont pas sur le front la marque de mes lèvres. Les uns sont noirs, les autres sont pâles. Je n'ai donné que mille baisers, mais ma fille, la peur en a donné mille autres. Nous allons toujours ensemble ; tu l'avais oublié. »

LA GOUTTE D'EAU

———

L'orage jeta une goutte d'eau dans le cœur d'une pervenche.

La pervenche avait soif.

Mais le vent de la terre souffla sur la fleur et emporta, dans le torrent boueux, la goutte d'eau venue du ciel. Un grand fleuve la roula jusqu'à la mer.

**

« D'où viens-tu ? dit à la goutte d'eau, l'ange aux ailes salées. »

— « Je viens de la forêt où une pervenche avait soif. »

— « Où veux-tu aller? »

— « Je voudrais retourner dans le cœur de la pervenche. »

— « Sur les vagues, tu brilleras comme une étoile dans le ciel bleu. »

— « Le cœur de la pervenche est plus large que le ciel bleu. »

— « Tu te chaufferas au soleil dans le golfe au sable fin. »

— « Le cœur de la pervenche est plus doux que le sable fin. »

— « Tu dormiras la nuit entre les seins d'ivoire de l'ondine aux yeux glauques. »

— « Le cœur de la pervenche est plus beau que les seins d'ivoire de l'ondine aux yeux glauques. »

**

L'ange, en perle, changea la goutte d'eau et le sultan la mit au manche de son poignard.

La perle incrustée au manche du poignard
répète toujours :

« Je voudrais être goutte d'eau dans le cœur
de la pervenche. »

. . . .

. . . .

LE PAYS DU SOLEIL

—

Elle est près d'Allah et loin des sultans, la terre où nous dressons nos tentes.

La nuit elle étincelle comme la mer qui roule des vagues argentées, le jour elle frissonne comme un voile de pourpre aux franges de diamants, aux bouquets d'émeraudes.

Ses collines ondulent comme les veines des chevaux de race, et ses lacs immobiles sont plus profonds et plus limpides que l'œil azuré des houris.

« O toi qui vis et meurs dans des villes de boue, toi qui respires un air que d'autres ont déjà souillé, toi qui, semblable à la tortue, ne quittes jamais ta maison, envie le sort de l'Arabe, l'hirondelle du Sahara. »

« Nos tentes sortent du sable comme des seins durs d'un haïck entr'ouvert, — nos grandes tentes groupées en rond sur le sable qui sent le musc. Elles sont fraîches le jour, elles sont chaudes la nuit et le démon n'en approche pas. »

« O toi qui vis et meurs courbé sur un métier, ô toi qui portes comme un âne des sacs sur ton dos, ô toi qui tires la charrue pour semer le blé que nous mangeons, envie le sort de l'Arabe, le cavalier aux mains douces. »

« Nous ne savons que chanter et combattre, mais nos vers sont si doux qu'ils font pâlir vos femmes et nos éperons sont si longs qu'ils accrochent quand nous passons, vos tapis et votre orge. »

« Et vous, fils du couchant, prenez garde au Sahara, nos sabres sont affilés, nos balles ne tombent jamais à terre et nos jeunes gens ramassent au galop, sans quitter la selle, les colliers que leur jette l'aimée de leur cœur. »

« Nos jeunes gens montent des chevaux couverts de housses éclatantes, des chevaux blancs comme l'étoile filante que l'ange de la nuit lance contre le démon, des chevaux rouges comme le calice d'une rose, des chevaux pommelés comme le flanc de la panthère. »

« Les jours de fantasia, nos chevaux se dispersent sur la plaine comme les perles d'un collier et le cœur des vierges palpite. Mais quand vient l'heure de l'entêtement, quand l'œil doit rencontrer l'œil, nos chevaux sont des aigles montés par des lions et le cœur des hommes se glace. »

**

« Nous sommes les rois de la plaine où les autruches paissent.

« Nous sommes les rois de la montagne où l'antilope blanche bondit sur les rochers. »

« Nous sommes les rois du pays de la soif où les caravanes passent sans laisser de trace, comme un nuage sur l'océan et nous ne voulons ni maîtres ni voisins. »

« Ne touchez pas au fusil qui fume, nos balles ne tombent jamais à terre et font mourir la bouche ouverte. »

***

« Mais si vous avez la paix dans le cœur, si vous voulez admirer et non prendre, venez ; nous vous recevrons comme les envoyés d'Allah. Notre libéralité n'a point de mesure, notre parole ne fait point de circuits, et notre main va toujours plus loin que notre langue. »

« Si vous avez la paix dans le cœur, dressez vos tentes près de l'oasis blonde où le jasmin enlace le palmier, où les pigeons cendrés se caressent dans l'ombre, où les femmes dansent dans les bois d'orangers et vous connaitrez l'amour. »

« Venez au pays du soleil et vos jours couleront comme un ruisseau limpide. »

« Venez au pays du soleil et vos années s'entasseront comme les grains de sable sur la dune mouvante. »

LA FILLE DES OULED-AÏAD

———

Voyez ce nuage glisser sur la plaine, plus rapide que la perdrix qui vole vers la source, plus sombre que la fumée de l'alfa. Ce n'est pas l'aile du simoun, ce sont nos cavaliers qui reviennent de la razzia.

**

« Mettez sur les chameaux des aataliches de poupre, mettez sur les aataliches des touffes de plumes blanches, rangez vos chameaux sur un rang, filles des Ouled-Aïad. »

« Jetez vos colliers aux choisis de vos cœurs, mais souriez à tous. »

« Filles des Ouled-Oüad, versez du baume où la balle a passé. »

« Hâtez-vous, hâtez-vous; les burnous de nos frères sont rouges, leurs mains sont noires. Il est doux d'appuyer sa tête sur un burnous rouge; il est doux de baiser des mains noires de poudre. »

***

« Leurs chevaux fléchissent sous le poids du butin. »

« Nous aurons, mes sœurs, des babouches du Soudan, du koheul parfumé et des krolkrals retentissants, incrustés d'or et de corail. »

« Hâtons-nous; mon bien-aimé est toujours le premier du goum. »

***

« Lâches, qu'avez-vous fait de Mohamed, le bras droit des Ouled-Aïad? »

« Il vous criait, lorsque vous montriez la croupe de vos chevaux : Fatma, filles de Fatma, tenez vos âmes, les heures de chacun sont comptées ; et vous ne l'avez pas suivi. »

« Ils ont fui, ceux qui les jours de fête, se dressaient sur leurs étriers blancs et chantaient en brûlant la poudre. »

« Lâches, prenez nos fuseaux, donnez-nous vos fusils ; vous avez la peau du lion et les os de la vache. »

« Lâches, que Dieu vous maudisse, que vos fils tremblent en touchant un fusil, que vos filles ne disent jamais non. »

« Lâches, que vos pères et les pères de vos pères, soient maudits à cause de vous. »

**

« Et toi, Messaoud, toi son étalon chéri, toi qui t'agenouillais les jours de fantasias, toi qui mordais l'ennemi les jours de poudre, qu'as-tu fait de ton maître ? »

« Après l'avoir laissé frapper, pourquoi ne l'as-tu pas porté jusqu'à ma tente? J'aurais fermé ses blessures avec mes lèvres. »

« Après l'avoir laissé tuer, pourquoi ne l'as-tu pas rapporté mort? J'aurais mis sa tête sur mes genoux et je l'aurais regardée jusqu'à ce que les pleurs eussent brûlé mes yeux. »

*
* *

Le sultan de mon cœur était beau comme le platane et je n'ai pas dormi sous son ombre.

Il était fort comme le lion et ne m'a pas pressée sur son cœur.

Ses lèvres étaient une coupe de miel et je n'y ai pas bu.

Comme le palmier solitaire je ne donnerai pas de fruits; la moitié de mon âme est trop loin.

CHANSON D'AMOUR

—

Il faut, au calice des roses, des feuilles ver-
meilles, il faut aux amours de l'homme des soirs
parfumés et des matins sanglants.

*_**

« El-Biod, secoue ta crinière argentée, tes
flancs nacrés vont bleuir. Vole comme un ramier
vers la sœur de mon âme, vers la sœur qui m'attend et que je n'ai pas encore trouvée. »

« L'homme au cœur étroit, l'homme aux veines
de neige aime dans les chambres closes, derrière

des verroux et des sabres, mais l'hirondelle de la plaine, le porteur d'éperons aime à l'air et au soleil. El-Biod, vole vers le sud ; la fleur de ma vie a dû s'épanouir au soleil. »

*

« Mon flissas s'est rouillé dans le fourreau, la poudre a blanchi dans le bassinet de cuivre. El-Biod, vole toujours et mon cœur s'est gonflé dans la solitude comme un cadavre oublié. »

« Où donc es-tu, sœur des étoiles, moitié de mon âme, où donc es-tu? Depuis des semaines la terre s'allonge derrière moi et je ne t'ai pas encore rencontrée, toi dont le premier regard entrera dans mon cœur comme un coup de poignard. »

« Moitié de mon âme, où donc es-tu? »

**

El-Biod a 'ployé sur ses jarrets, je l'ai arrêté

court sous les tamarins ; je croyais voir un lys entr'ouvert.

J'avais pris un haïck pour des feuilles blanches et un sein rond pour un calice d'or.

Ce n'est pas un lys, mais la sœur de mon âme qui embaume les tamarins.

* * *

« El-Biod est fort, ma bien-aimée, asseois-toi sur sa croupe. »

« El-Biod, mes éperons sonnent, vole, vole comme un faucon. »

« Vole vers la montagne rose qui fume là-bas au soleil couchant, tu t'arrêteras près du ruisseau où le sable sera bien fin, où l'herbe sera bien douce et la vierge embrassera tes naseaux fauves, El-Biod, mon bon cheval. »

* * *

« Bien-aimée, les étoiles sont jalouses de tes

8

yeux humides, la source est jalouse de ta voix claire, les roseaux sont jaloux de ta taille flexible, la grappe est jalouse de tes seins glacés et moi je suis jaloux de l'étoile qui te regarde, de la source qui lèche ton pied, des roseaux que tu entends, de la grappe que tu manges. »

« Tes dents brillent comme un collier de per-les... Garde ma tête sur tes genoux... Quand des perles sont montées sur des fils de pourpre, elles paraissent encore plus blanches. »

* * *

« Tu entends tes frères qui viennent?... La poudre va parler, qu'Allah soit béni! »

Il faut aux amours de l'homme des soirs par-fumés et des matins sanglants.

« Asseois-toi sur le cou d'El-Biod, tu le con-duiras, moi je regarderai sa croupe, et les balles jailliront de mon fusil comme les étincelles d'un feu de bois sec. »

Il faut aux amours de l'homme des soirs parfumés et des matins sanglants.

***

« Est-ce ton amour, est-ce une balle qui pèse sur mon cœur?... Ta lèvre est fraiche... Qu'importe. »

Il faut aux amours de l'homme des soirs parfumés et des matins sanglants.

LA MORT DE BEN-MANSOUR

———

« Quelle est cette tête qui sèche sur la porte de Ouergla et dont les lèvres pleines de vers laissent voir les dents? »

— « C'est la tête de Kleddache, le chef du Djebel-Hoggar, que les cavaliers de ben Mansour ont tué à la source de l'Oued-Mia. »

***

« Quelle est cette femme qui pleure devant une maison d'argile et dont les yeux bleus lancent au milieu des larmes de sombres éclairs? »

8.

— » C'est Fetoum, la perle des Touaregs, la perdrix du Djebel-Hoggar, l'épouse aimée de Kleddache que les cavaliers des Chamba ont tué à la source de l'Oud-Mia. »

***

Kleddache, le chef des Touaregs du Djebel-Hoggar, était un brave parmi les monteurs de chameaux, et tous les hommes aux joues voilées pleurent en pensant à lui.

Kleddache, le chef des Touaregs du Djebel-Hoggar, avait dans le cœur un lac d'amour et la belle Fetoum aux lèvres épaisses pleure en pensant à lui.

***

Fetoum qui gouverne en attendant que son fils puisse tenir un sabre, réunit tous les hommes voilés et leur dit : « Celui qui me rapportera la tête de ben Mansour m'aura pour femme. »

Le lendemain tous les jeunes gens de la mon
tagne, les jambes croisées sur leurs chameaux
blancs, leur grande lance à la main, leur bouclier
rond au bras, leur large sabre à la ceinture,
disent à Fetoum : « Nous partons pour aller chercher la tête de ben Mansour. »

***

Ils ressemblent à un vol de corbeaux et ils ont
pris pour chef Ould-Biska, le cousin de Kleddache.

***

Ils marchèrent un jour. Le soir ils virent un
nuage qui courait sur la plaine, et ils s'arrêtèrent
pour l'attendre.

Ils virent bientôt que ce nuage était un nuage
de poussière, et comme ils aiment la lutte, ils
frappèrent de leur lance leurs boucliers en peau
d'éléphant.

Mais ils s'étaient trompés en croyant attendre

un ennemi; la poussière était soulevée par les chameaux de Fetoum, la belle veuve au front étoilé. Elle accompagnait les hommes pour vider plus tôt l'outre sucrée de la vengeance.

***

« Nous te donnerons la tête de ben Mansour, crièrent les Touaregs en la suivant vers le nord. »

***

Les Touaregs rencontrèrent les Chambas près de l'Oued-Mzab, par une nuit sans lune... Ils étaient sans méfiance et furent tués presque tous avant d'avoir pu monter à cheval.

Un seul s'enfuyait sur un cheval sans bride, mais il n'avait pas eu le temps de chausser ses éperons, et la lance d'Ould-Biska entrée entre ses deux épaules, sortit par sa poitrine.

Il tomba et un petit enfant tomba avec lui.

« Connais-tu ben Mansour ? demanda le Touareg à l'enfant. »

« — Le voici, répondit l'enfant en montrant le cadavre... Je suis le fils de ben Mansour. »

* * *

« Je serai à toi, dit la femme aux yeux bleus, mais avant, fends avec ton poignard la poitrine de ce maudit, arrache-lui le cœur et donne-le aux chiens. »

* * *

Ould-Biska donna aux chiens le cœur de ben Mansour, le chef des Chambas, et depuis ce temps Ouargla est comme une veuve à qui l'on a coupé les cheveux.

« Porteurs de fusils, je suis le fils de ben Man-sour, montons à cheval et nous ferons manger à nos chiens le cœur de Fetoum, le cœur d'Ould-Biska et les cœurs de tous les hommes, de toutes les femmes, de tous les enfants du Djebel-Hoggar.

YAMINA

« O vous qui savez ce que disent les balles,
vous qui avez dormi sur des cheveux nattés, mais
qui ne connaissez pas la sœur des étoiles, Yamina
ma bien-aimée; enfants de la poudre, écoutez! »

*
* *

Yamina, c'est le rayon de soleil étincelant après
l'orage; c'est la source limpide que l'on trouve le
soir, c'est l'orange dorée qui saigne entre les
lèvres, c'est le souffle embaumé qui grise et fait
rêver.

Yamina brille sous la tente comme la lune des nuits d'été sur le lac bordé de sel, elle court dans l'alfa comme la gazelle aux cornes recourbées, elle se balance sur son mahari comme le dattier des Beni-Mzab dont les fruits sont si hauts qu'on ne peut les atteindre.

Yamina n'a pas de sœurs parmi les filles du désert... Yamina est une fleur de fèves que l'Éternel a parfumée.

●

***

« Yamina, mon cœur s'est fondu sous ton regard et tu l'as bu dans un baiser. Yamina, tu n'as pas de sœur parmi les vierges du désert. »

« Tes sourcils sont deux arcs venus du pays des nègres, tes cils les barbes d'un épi la veille de la moisson, tes joues deux pêches mûres, tes dents plus pressées que les grêlons apportés par le vent d'ouest, sont des perles enchâssées dans du corail, et tes lèvres ont le goût du miel. »

**

» Je pourrais dire à l'abeille, où le miel est plus doux que dans les asphodèles. »

**

« Yamina, tu es une fleur de fève que l'Éternel a parfumée. Ton cou se dresse comme l'étendard qui brave l'ennemi, ton cou d'ivoire plus poli que les colonnes de marbre de la mosquée de Ouargla.»

« Ta gorge ressemble à la grappe de raisin gonflée par la rosée, sucrée par le soleil. »

« Tes épaules sont deux blocs de neige et des côtes sont arrondies comme des sabres de Damas. »

« Les papillons prennent tes doigts pour des boutons de roses et tes pieds pour des feuilles de lys.»

« Yamina, tu n'as pas de sœurs parmi les filles du désert.»

*_**

« Où es-tu maintenant, flamme de mon cœur, chaleur de mon sang, lumière de mes yeux? Depuis un an, ma gazelle, où es-tu ?»

« Tu es là-bas, là-bas où les autruches courent en bandes pressées, où les chameaux blancs sommeillent à l'ombre des tentes, où les poulains lustrés hennissent près de leurs mères qui attendent nos grands étalons maigres. »

« Depuis un an que j'erre dans ce Tell maudit où les fleurs n'ont point de parfums. Je serais mort si je n'avais pas gardé sur mes lèvres le parfum de ton haleine. »

*_**

« O pigeon chéri, toi qui connais le chemin vert où mon cœur a passé, tu diras à Yamina l'étoile blanche, que je voudrais être l'épingle de son haïck, le piquant de porc-épic qui noircit sa paupière, le tapis qui conserve l'empreinte de ses pieds nus.»

« Tu lui diras qu'elle m'a frappé de deux coups de poignard, l'un aux yeux, l'autre au cœur, et que ma vie coule par ces deux blessures. »

« Tu lui diras que le pain de l'absence est plus amer que l'olive verte. »

« Tu lui diras que l'amour est un fardeau lourd à porter. »

LES BALLES NE TUENT PAS

« Les balles ne tuent pas, il n'y a que la desti-
née qui tue. Courez, fils de la poudre. »

***

« La lune est aussi mince que le tranchant d'un
sabre, mais ne sommes-nous pas les fils de la
nuit? Son voile est notre cuirasse, et ses ténèbres
ne font pas dévier nos coups. Où nous avons passé
le soleil se lève dans le sang. Courez, fils de la
poudre. »

***

« Nous trouverons nos ennemis endormis. Leurs vierges seront sans ceintures et leurs chevaux sans brides. Frappez jusqu'à ce que vos bras se raidissent, que vos burnous soient rouges comme un collier de corail, que vos pistolets brûlent comme un charbon ardent. »

**

« Heureux celui dont le sang coulera; un baiser ferme une blessure et les femmes aiment les braves. Courez, fils de la poudre. »

**

« Vous aurez demain, des selles de velours et des chevaux de race; moi, j'aurai Meyrin, la gazelle aux yeux bleus. »

« Nous entrons dans le douar... Frappez, fils de la poudre, les balles ne tuent pas. »

LA SOURCE CHAUDE

———

« Ouvre tes ailes, beau pigeon, ouvre tes ailes bleues et porte ma chanson où mon cœur est resté. »

— Le sultan du Maghreb, celui qui bâtit Tlemcen, la sultane du désert, rencontra près d'une fontaine une vierge aux cheveux roux.

**

« Ouvre tes ailes, beau pigeon, ouvre tes ailes bleues et porte ma chanson dans la tente rayée. »

— La vierge aux bras d'ambre, lavait à la fontaine. Ses pieds roses brillaient sur la laine comme un grain de corail sur la crosse d'ébène et l'amour toucha le sultan de Tlemcen.

***

« Ouvre tes ailes, beau pigeon, ouvre tes ailes bleues et porte ma chanson à l'hirondelle noire. »

« — Viens choisir au Mechouar, dit le sultan, des colliers de sequins, des bracelets de perles. Tu seras la rose qui fera pâlir les roses de mon jardin.. »

***

« Ouvre tes ailes, beau pigeon, ouvre tes ailes bleues et rapporte-moi le parfum de sa lèvre humide. »

— La jeune fille s'enfuit et le sultan retourna au Mechouar : « Eblis, dit-il au démon, je veux, demain, être aimé de la vierge qui lavait un burnous de laine. »

***

« Ouvre tes ailes, beau pigeon, ouvre tes ailes bleues et rapporte-moi le mot qu'elle soupire en s'endormant. »

« — La vengeance est à nous, mais l'amour est à Dieu, répondit le lapidé, sultan de Tlemcen, si l'amour endort, la vengeance enivre: Écrase la fleur que tu ne peux cueillir. »

***

« Ouvre tes ailes, beau pigeon, ouvre tes ailes bleues, le vent de l'amour soulève les palmes frémissantes. »

« — J'écraserai la fleur que je ne peux cueillir, Eblis, je te vends la vierge aux cheveux roux. »

***

« Ouvre tes ailes, beau pigeon, ouvre tes ailes bleues, je veux savoir si ma gazelle regarde vers le Sud. »

« — Mon maître, disait la jeune fille dans le bois

de palmiers, je préfère tes baisers aux trésors du sultan... » On entendit un doux soupir, puis un rire moqueur et la vierge disparut sous la terre avec le cavalier.

*
* *

« Ouvre tes ailes, beau pigeon, ouvre tes ailes bleues; je veux savoir si mon étoile est jalouse. »

— Le lendemain, des oliviers sauvages avaient remplacé le bois de palmiers. Seuls, deux dattiers balançaient leurs têtes pâles. Une source fume à leurs pieds.

*
* *

« Ouvre tes ailes, beau pigeon, ouvre tes ailes bleues, je veux savoir si ma fiancée est un coffre de nacre dont moi seul ai la clef. »

— L'eau de la source est limpide, mais au lieu de couler toujours, elle jaillit, puis tarit un instant pour rejaillir encore. Le maudit a entraîné sous la terre, la vierge et le cavalier.

.**.*

« Ouvre tes ailes, beau pigeon, ouvre tes ailes bleues, je veux savoir si ma fiancée est un miroir sans tache sur lequel mon image, seule, a passé. »

—Les larmes qui grossissent au bout de leurs cils, puis tombent tièdes et pressées, forment la fontaine des deux palmiers.

.**.*

« Ouvre tes ailes, beau pigeon, ouvre tes ailes bleues et porte ma chanson dans la tente rayée. »

CHANSON DE CHAMELIER

Plus loin qu'Alger la mouette blanche, que Tri-
poli la perle noire, que Fez où les chameaux se
couchent écrasés sous les sacs d'or ; au pays où le
ciel flambe, un grand sphinx est endormi.

« — Ne dormez jamais sur le sable sans vous
rouler dans vos burnous. »

**

Au pays où le ciel flambe, un grand sphinx
est endormi, mais quand la lune aux lèvres pâles
caresse ses longs yeux baissés, sa paupière se relève, puis il chante ; écoutez :

10

« — Quand vos chameaux baissent la tête, chantez en frappant sur le bât. »

***

Sa paupière se relève, puis il chante; écoutez : Je comprends les deux mots que disent les étoiles au vent du sud, je comprends les deux mots que disent les flots du Nil au sable roux.

« — Ne buvez jamais à la source que dans le creux de votre main. »

***

Je comprends les deux mots que disent les flots du Nil au sable roux, je comprends les deux mots que pleurent les hommes sur les murs gravés, je comprends les deux mots qui montent des obélisques de granit.

« — N'écoutez jamais les Djinns qui se cachent sous les rochers. »

***

Je comprends les deux mots qui montent des obélisques de granit et de ces mots que l'ange porte dans la tente azurée d'Allah, je fais des chansons pour le sage qui regarde dans le passé.

« — La nuit, regardez les étoiles pour retrouver votre chemin. »

**

Ces vers, faits pour régler la marche, sont d'un soldat fils de soldat, qui rêve en allant à la Mecque, aux chants qu'un soir il entendit voltiger sur les lèvres roses d'un grand sphinx, au bord du Nil.

« — Les beaux vers sont gravés au ciel, entre les versets du Koran. »

**

CHANSON DE JANISSAIRE

Pour celle dont la voix est plus douce que le chant du rossignol, sur une branche de jasmin, pour celle dont le regard est plus profond que la mer où le corail pousse, pour celle dont le front est semblable à la voûte bleue semée d'étoiles, pour la fille du couchant, le janissaire a fait cette chanson.

« Allah, donne à la sœur des épis mûrs, des jours sans nuages, donne au janissaire un cheval qui aille loin, donne à tous ceux qui croient l'espérance et la paix! »

***

10.

Le soleil tordait les palmiers et le cavalier blanc chantait en caressant son étalon fumeux.

« Ce soir, tu mangeras de l'orge dans un haïck de vierge, dans un fin haïck de soie où des seins d'ambre auront battu, dans un haïck tiède encore, mon beau cheval aux flancs nacrés. . . . . »

« J'ai sous mon burnous le cœur d'un lion. »

***

« Ce soir, tu mangeras des dattes dans une main de vierge, dans une main mignonne que mon sabre aura bleuie, dans une main tiède encore, mon beau cheval aux flancs nacrés. . . . . . »

« J'ai sous mon burnous le cœur d'un lion. »

***

« Ce soir tu boiras du sang rose dans une poitrine de vierge, dans une poitrine ouverte que ton sabot aura brisée, dans une poitrine tiède encore, mon beau cheval aux flancs nacrés. . . . . . . »

« J'ai sous mon burnous le cœur d'un lion. »

* * *

Le cavalier qui chante est un fils de la poudre, un beau cavalier.

* * *

Le soleil se couchait et les étoiles pâles comme un collier de perles s'égrénaient dans les cieux, lorsque le cavalier vit la vierge aux yeux sombres dans le bois de palmiers.

« Mon cœur est un cèdre que la foudre ne peut briser ; fais ton nid, ma colombe dans son feuillage épais, dit le fils de la poudre à la sœur des épis. »

— « Mon cœur est un oiseau sauvage, dans le soleil, il a fait son nid. Passe, beau cavalier. »

———

LES PALMIERS A TÊTES D'ANGES

———

« Que cherches-tu, le front baissé? »

— « Je cherche ce qu'on ne trouve pas, répondit le voyageur. »

***

Le voyageur était seul et son chameau fatigué posait lourdement ses pieds sur le sable.

L'air était muet, le soleil rouge, le sable fauve et le ciel bleu.

Les pics roses du Djebel-Amour grandissaient lentement et de sombres crevasses s'ouvraient les

unes après les autres dans ses flancs d'amé-
thyste.

« La mort est longue à venir, mais elle viendra,
soupira le voyageur. »

***

« Que cherches-tu, le front baissé ? »

— « Je cherche ce que l'on perd dès qu'on l'a
trouvé, répondit le voyageur. »

***

Le voyageur était seul. Son chameau s'age-
nouilla lentement, tourna vers lui ses grands yeux
doux, frissonna et mourut.

L'air était muet, le soleil rouge, le sable fauve
et le ciel bleu.

Les pics roses du Djebel-Amour cachaient leurs
têtes dans une buée vermeille, et une large cre-
vasse s'ouvrait comme un gouffre dans leurs flancs
polis.

Le voyageur essuya ses lèvres saignantes et soupira.

« Tu es mort, toi qu'elle caressait lorsque, pareille à la colombe qui laisse pendre l'aile hors de son nid, elle passait par la fente de la tente son bras plus blanc qu'un lys. »

« Tu es mort parce que tu m'aimais, je t'ai tué comme j'ai tué la gazelle aux yeux de velours. »

***

« Que cherches-tu, le front baissé? »

— « Je cherche ce que je ne voudrais pas trouver, répondit le voyageur. »

***

Le voyageur était seul.

L'air était muet, le soleil rouge, le sable fauve et le ciel bleu.

Les pics roses du Djebel-Amour faisaient une couronne de perles à la vallée ronde au fond de laquelle des palmiers balançaient leurs têtes légères près de la source glacée.

Le voyageur trempa dans l'eau ses mains amaigries, mais il ne but pas.

« J'ai laissé ma bien-aimée mourir de soif, je dois aussi mourir de soif, soupira-t-il. Mon cœur était un désert où il n'y avait qu'une source ; j'ai égaré dans le désert la gazelle aux yeux de velours et je ne lui ai pas montré la source. Elle est morte d'amour, je veux mourir de soif. »

Il se coucha sur le dos, découvrit sa tête, étendit les bras en croix et regarda le soleil.

***

« Que cherches-tu dans le soleil? »
— « Je cherche l'amour, répondit le voyageur.»

***

Le voyageur était seul mais les palmiers qui se balançaient près de la source, avaient des têtes d'anges.

L'air était muet, le soleil rouge, le sable fauve et le ciel bleu.

Les pics roses du Djebel-Amour se penchèrent pour entendre ce qu'allaient dire les anges.

« Pourquoi as-tu laissé mourir de soif la gazelle? demanda l'ange aux ailes vertes. »

— « Parce que ma bouche ne savait pas parler la langue de mon cœur, répondit le désespéré en regardant toujours le soleil. »

Le plus grand des palmiers s'inclina et l'ange aux ailes vertes ferma avec ses lèvres les yeux du voyageur. « Reste avec nous, lui dit-il, nous apprendrons à ta bouche la langue de ton cœur. »

**

Le voyageur mourut et son corps devint un palmier.

Lorsque la lune brille, le palmier chante et la gazelle morte de soif, arrête son étoile pour l'écouter.

11

***

Dans la vallée ronde du Djebel-Amour, les palmiers ont des têtes d'anges, dans le désert où l'homme passe, bien des gazelles meurent de soif parce qu'elles n'ont pas compris.

DÉSIR

—

« Je voudrais un philtre qui donnât la mort, un philtre qui tuât comme l'éclair ; j'en frotterais ses lèvres et j'aurais ce soir, son dernier baiser. »

— Dans les cèdres niche un bel oiseau bleu : vole sur la neige, petit oiseau bleu.

* * *

« Je voudrais un flissas aigu comme un regard, un flissas bien emmanché, un flissas assez long pour aller de mon cœur au sien et je boirais, ce soir, son dernier souffle. »

— Dans les cèdres niche un bel oiseau bleu : vole sur la neige, petit oiseau bleu.

* *

« Je voudrais fermer notre tombe avec une pierre plus lourde que l'Atlas, plus dure que le rubis, pour que l'ange ne nous vît pas au jou. du jugement. »

— Dans les cèdres niche un bel oiseau bleu : vole sur la neige, petit oiseau bleu.

LA VIERGE AUX YEUX SOMBRES

———

. . . .

Le soleil se levait et la vierge aux yeux sombres chantait sous les palmiers :

« Comme la cigogne, mon cœur a deux ailes, deux ailes cendrées, vers le grand fleuve il a volé... Il a volé si loin, si loin qu'il ne reviendra plus, jamais... »

— « Avec de la laine, nattez vos cheveux. »

« Comme l'hirondelle, mon cœur a deux ailes, deux ailes moirées, vers l'Orient il a volé... Il a

11.

volé si loin, si loin qu'il ne reviendra plus, jamais... »

« Avec de la laine, nattez vos cheveux.

« Comme le vautour mon cœur a deux ailes,
deux ailes aiguës ; vers le soleil il a monté... Il a
monté si haut, si haut, qu'il ne descendra plus,
jamais... »

— « Avec de la laine nattez vos cheveux. »

**
*

Les dattes étaient mûres et la vierge aux yeux
sombres, chantait sous les palmiers :

« Comme l'Océan, mon cœur a des vagues, de
grandes vagues vertes, de grandes vagues bleues,
mais le vent de la solitude y pleure et ses baisers
me font pleurer... »

« Pourquoi mon cœur a-t-il des vagues sur les-
quelles rien ne peut flotter ? »

*

La vierge aux yeux sombres regarda du côté de l'Orient et vit un nuage de poussière.

« C'est le Simoun qui vient! Pourquoi, comme le Simoun mon cœur n'a-t-il pas des ailes qui rasent la terre, soupira-t-elle tout bas, tout bas. »

Elle rentra dans la tente fauve, et laissa ses larmes glisser comme des perles, sur ses nattes dorées.

***

Ce n'était pas l'aile du Simoun, mais les pieds d'un troupeau qui soulevaient le sable du désert.

Un pasteur suivait les béliers et il chantait en regardant pousser l'herbe :

« Dans un lotus bleu, j'avais mis mon cœur, mon cœur endormi, la cigogne en passant, a brisé la fleur et mon cœur glacé, sur le fleuve roule. »

— « Mes béliers vont où l'herbe pousse. »

« Dans une églantine, j'avais mis mon cœur, mon cœur amoureux, l'hirondelle en passant, a brisé la fleur et mon cœur blessé, aux épines saigne. »

— « Mes béliers vont où l'herbe pousse. »

« Sur un grand sapin, j'avais mis mon cœur, mon cœur inspiré, le vautour a brisé l'arbre au ras du sol et mon cœur broyé sur la pierre, est muet. »

— « Mes béliers vont où l'herbe pousse. »

* *

Le pasteur les suivait, regardant pousser l'herbe et il arriva devant la tente fauve où la vierge pleurait.

Le pasteur qui chante a les pieds saignants, le front plissé.

* *

« Que fais-tu, pendant que tes béliers tondent l'herbe? demanda la vierge au pasteur. »

— « J'écoute les larmes tomber dans ma poitrine vide. »

— « Que disent les larmes en tombant dans ta poitrine vide ? »

— « Ton cœur était une feuille, le vent l'a jetée sur le fleuve sans rivages où volent les cigognes aux ailes cendrées. »

La vierge s'accouda sur le coffre d'ébène incrusté de cuivre :

« Pasteur, que disent encore les larmes en tombant dans ta poitrine vide ? »

— « Ton cœur était une feuille, le vent l'a jetée sur la tour sans fenêtres où niche l'hirondelle aux ailes moirées. »

La vierge leva sur le pasteur, ses yeux sombres.

« Les larmes en tombant dans ta poitrine vide, disent encore : « Ton cœur était une graine, le vent l'a semée dans le ciel d'or et d'azur où plane le vautour aux ailes aiguës. »

« Pasteur, la graine a germé et sur l'arbre vert
mon cœur s'est posé. »

*

— « Frappez en cadence les disques d'airain. »

« Vous, almées sans voiles, comme des serpents, tordez vos reins mats aux muscles d'acier.
Enlacez vos bras nus et que vos talons roses tracent sur le sable des cercles argentés. »

— « Frappez en cadence les disques d'airain. »

« Vous, almées sans voiles, comme des colom-
bes, gonflez en tournant, vos cous satinés. Enlacez
vos bras nus et que vos talons roses tracent sur le
sable des cercles argentés. »

— « Frappez en cadence . . . .

*

« Seigneur, donne à la vierge, un parterre de
roses et un bois de palmiers ! »

« Seigneur, donne au pasteur, une corbeille
pleine de fleurs éclatantes et de fruits embau-
més. »

TABLE DES MATIÈRES

—

	Pages.
Les forêts du Sahel	1
Fatma	5
Le Sylphe et la Rose	11
La soif	15
Volupté	19
La Femme et le Poëte	23
Le Palmier du Désert	25
Aïchouna	27
La princesse Mitidja	33
Sidi-Mohamed-ben-Abd-el-Rhaman	39
Sidi-Embareck	43
La légende d'Adam	47
Grand est celui qui se rapetisse	61

                                                              Pages.

L'Ange de la Douleur.......................   63

La Peste jaune..............   67

La goutte d'eau............................   69

Le pays du Soleil..........................   73

La fille des Ouled-Aïad   79

Chanson d'amour...........................   83

La mort de Ben-Mansour...................   89

Yamina....................................   95

Les balles ne tuent pas................... 101

La source chaude.......................... 103

Chanson de Chamelier..................... 109

Chanson de Janissaire 113

Les Palmiers à têtes d'Anges.............. 117

Désir..................................... 123

La Vierge aux yeux sombres 125

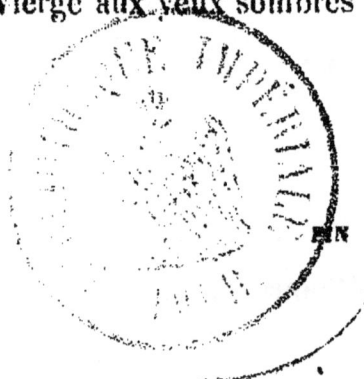

IMPRIMERIE CERF, A VERSAILLES

www.ingramcontent.com/pod-product-compliance
Lightning Source LLC
Chambersburg PA
CBHW051723090426
42738CB00010B/2054